José Manuel
Vega Báez

JESÚS LÍDER

SERIE CIMA
Liderazgo de Alto Nivel

Jesús Líder
Primera edición: Pascua de 2020

D.R. José Manuel Vega Báez 2020
Ocote 52 Col. Huayatla 10360
Magdalena Contreras, Ciudad de México
www.seriecima.com
info@seriecima.com

Dedicatoria

A todos los líderes de buena voluntad.

JL

Índice

Prólogo _____ 7

1 – Influencia _____ 11

2 – Cumplimiento _____ 19

3 – Convergencia _____ 27

4 – Congruencia _____ 35

5 – Sostenibilidad _____ 43

6 – Formación _____ 51

7 – Trascendencia _____ 61

Sobre el Autor _____ 73

JL

Prólogo

JL

Muy apreciado lector:

Puede ser que ya nos conozcamos, o que quizá este sea nuestro primer encuentro. En cualquier caso, agradezco en todo lo que vale el favor de tu atención.

La lectura de estas líneas demuestra tu interés por un tema apasionante e inagotable, y te pido que me permitas asentar desde ahora una noción fundamental:

Líder es la persona que guía a una colectividad en la conquista de un sueño compartido.

A partir de este concepto nos aproximaremos a Jesús de Nazareth, la persona con el máximo desempeño histórico en las siete dimensiones del liderazgo:

Influencia, cumplimiento, convergencia, congruencia, sostenibilidad, formación y trascendencia.

Lo anterior se comprueba al advertir que con solo un puñado inicial de seguidores, en la actualidad un tercio de la población mundial se declara cristiana.

Sin duda que la figura de Jesús brinda innumerables ángulos de análisis, pero en esta obra nos centraremos exclusivamente en su labor como líder de un colectivo.

Entonces, nuestro objetivo será conocer sus principales enseñanzas en las siete dimensiones del liderazgo, las cuales podrás aplicar en cualquier organización humana.

Para ello, al final de cada capítulo encontrarás un apartado de reflexiones personales que, entre otras cosas, te pedirá que analices al líder que más te inspira.

Te aseguro que si asimilas y pones en práctica cada una de las enseñanzas de Jesús Líder, tu perspectiva se enriquecerá beneficiando a tu colectivo y tu comunidad.

¡Ánimo y ACCIÓN!

Te invito a integrarte a mis comunidades
en Twitter, Linkedin o Facebook.

José Manuel Vega Báez
info@seriecima.com
www.seriecima.com

1
Influencia

La influencia es la primera dimensión del liderazgo y todos somos capaces de influir con nuestras ideas, nuestras palabras y nuestros actos.

JL

El verbo **influir** proviene el latín *influere,* palabra que está formada por el prefijo *in* que significa "hacia el interior" y por el verbo *fluere* que quiere decir deslizarse. Entonces, en el sentido de la convivencia humana, entenderemos que influir equivale a "deslizarse en la interioridad de alguien", acción que producirá un cierto efecto.

Y precisamente el ejercicio del liderazgo inicia con la capacidad para influir en otras personas. Esta influencia puede realizarse de manera involuntaria, pero en el liderazgo intencionado se lleva a cabo de forma deliberada. En cualquier caso, la persona que es receptora de la influencia tiene la libertad de aceptarla o de rechazarla, por lo que quien genera la influencia debe estar preparado para manejar diferentes escenarios...

1ª enseñanza de Jesús Líder

*Jesús se puso a enseñarles muchas cosas por medio de parábolas. Al narrar una de ellas, decía así: "****Pongan atención.*** *Un sembrador salió a sembrar. Al esparcir las semillas algunas cayeron junto al camino y las aves llegaron y se las comieron. Otras cayeron en un terreno rocoso, sin mucha tierra. Pronto germinaron, porque la tierra no era profunda; pero como no tenían* *raíces, cuando salió el sol ardiente, las marchitó y murieron. Algunas semillas cayeron entre espinos que, al crecer, ahogaron las plantas y no pudieron dar frutos. Pero algunas de las semillas cayeron en buena tierra y brotaron, crecieron y produjeron treinta, sesenta y hasta cien semillas por cada una sembrada".*[1]

Esta historia deja en claro que pese a las mejores intenciones del líder al momento de esparcir una influencia deliberada, se trata de un proceso en el que intervienen dos voluntades: la del emisor y la del receptor, de modo que el resultado no siempre será el originalmente deseado.

El escenario más adverso ocurre cuando el emisor le brinda al receptor varias oportunidades para asimilar su influencia sin que se presente una reacción favorable, lo que finalmente le confiere el derecho de tomar medidas drásticas...

2ª enseñanza de Jesús Líder

Entonces les contó esta parábola: "Un hombre tenía plantada una higuera en su viñedo. Cuando fue a buscar fruto en ella, no encontró nada, así que le dijo al que cuidaba el viñedo: 'Por tres años he venido a buscar fruto en esta higuera, y no he encontrado ninguno. Por tanto, córtala para que no siga ocupando terreno'. El que cuidaba el viñedo le respondió: 'Señor, déjala todavía un año más. Yo moveré la tierra a su alrededor y le echaré abono. Tal vez así dé fruto. Y si no da, córtala'".[2]

Ahora bien, para aumentar las probabilidades de éxito, es decir, para lograr que la influencia deliberada genere más fácilmente el efecto que se busca, la persona que ejerce la influencia debe atender dos cuestiones: 1) Asegurarse que los receptores de la influencia sean *"buena tierra"* para sus propósitos y 2) Incluir en el mensaje de la influencia una perspectiva que resulte a la vez atractiva y creíble al receptor...

3ª enseñanza de Jesús Líder

*Un día, caminando Jesús a orillas del lago de Galilea, vio a dos pescadores que tiraban la red al agua. Eran Simón, mejor conocido como Pedro, y Andrés, su hermano. "**Síganme y los convertiré en pescadores de hombres**", les dijo Jesús. Inmediatamente dejaron la red y lo siguieron. Un poco más adelante vio a otros dos hermanos, Jacobo y Juan, que estaban sentados en una barca, con Zebedeo su padre, y remendaban las redes.*

Cuando Jesús los llamó, dejaron a su padre a cargo de lo que estaban haciendo y siguieron a Jesús.[3]

En este pasaje se ejemplifican perfectamente las dos recomendaciones hechas. 1) La búsqueda de receptores adecuados a la influencia: se trataba de personas conocedoras de su oficio, que fueron encontradas en plena acción, y 2) La presentación de una perspectiva atractiva y creíble: estas personas se sintieron cautivadas con la idea de evolucionar de ser pescadores de peces a convertirse en *"pescadores de hombres"*.

Pero el asunto no termina ahí, pues en cuanto una persona se percata que es capaz de ejercer deliberadamente una influencia positiva sobre sus semejantes, debe avanzar a un siguiente nivel...

4ª enseñanza de Jesús Líder

"Ustedes son la luz del mundo. Una ciudad asentada sobre un monte no puede esconderse. Nadie enciende una lámpara para esconderla bajo un cajón, sino que la pone en alto para que alumbre a todos los que están en la casa. ¡Así dejen ustedes brillar su luz ante toda la gente!"[4]

Entonces la influencia positiva es como una luz que debe irradiarse a otras personas y, para que esto suceda de la mejor manera, es responsabilidad de quien la ejerce perfeccionar esta capacidad y ponerla al servicio de los demás.

Conclusión

Podemos afirmar que el buen liderazgo se construye a partir del desarrollo de la habilidad para **influir** de manera deliberada y positiva en otras personas.

JL

Reflexiones Personales

¿Te has dado cuenta en qué facetas de tu vida eres capaz de ejercer deliberadamente una influencia positiva?

Piensa en el líder que más te inspira. ¿Por qué te inspira?

¿Cuándo y cómo recibiste por primera ocasión su influencia?

¿Te consideras buena tierra para sus enseñanzas? ¿Por qué?

Para reforzar su influencia, ¿cuál fue la perspectiva atractiva y creíble que te presentó el líder que te inspira?

¿En cuánto tiempo consideras que alcanzarás esa perspectiva? ¿Por qué?

¿Qué planes tienes para perfeccionar tu habilidad de influir de manera deliberada y positiva en tus semejantes?

2
Cumplimiento

La responsabilidad más importante que debe asumir un líder es el cumplimiento de la meta de su colectivo.

JL

Una vez que se toma la decisión de ejercer influencia de manera deliberada, el liderazgo puede observarse y evaluarse a partir de otras dimensiones; por ejemplo, en la capacidad de **cumplimiento** de las metas, conformando un colectivo de personas identificadas con la causa primaria.

De lo anterior resulta evidente que la influencia deliberada debe estar orientada por una misión, que es la que le brinda sentido al esfuerzo del líder y su colectivo. En otras palabras, todo el mundo debe estar cierto sobre lo que se persigue con el trabajo en conjunto...

5ª enseñanza de Jesús Líder

*Jesús les dijo: "**Vayan por todo el mundo y anuncien las buenas nuevas a toda criatura**".[5]*

La misión es una frase corta que sintetiza el propósito final de una agrupación y que no deja lugar a dudas de lo que se pretende conseguir. Entonces, la primera responsabilidad de un líder es lograr que su colectivo conozca y cumpla con la misión encomendada.

Una vez identificada la misión, se necesita integrar a las personas más adecuadas para que dicho propósito pueda ejecutarse de la mejor manera. Esta es una de las labores más importantes y delicadas del ejercicio del liderazgo...

6ª enseñanza de Jesús Líder

"Ustedes no me escogieron a mí, sino que yo los escogí a ustedes, y los he mandado para que vayan y den fruto, un fruto que dure para siempre". [6]

Después de la misión, la identidad constituye el fundamento más importante de cualquier grupo humano puesto que precisa su esencia, es decir, su manera de ser y de actuar. Es indispensable que la identidad se encuentre definida con claridad, que sea pertinente a las circunstancias vigentes, que sea conocida por todos los interesados y que siempre sea respetada. Una identidad robusta reporta varios beneficios:

1) Establece las prioridades del colectivo...

7ª enseñanza de Jesús Líder

"Señor, ¿cuál es el mandamiento más importante de la ley de Moisés?" Jesús respondió: **"Amarás al Señor tu**

Dios con todo tu corazón, con toda tu alma y con toda tu mente. Este es el primero y el más importante de los mandamientos. El segundo es similar: amarás a tu prójimo con el mismo amor con que te amas a ti mismo".[7]

El texto es muy claro y no deja margen de error al señalar qué es lo más significativo.

2) Determina cómo debe ser el trato entre los integrantes del colectivo...

8ª enseñanza de Jesús Líder

"Les doy este mandamiento nuevo: que se amen unos a otros. Así como yo los amo, ustedes deben amarse unos a otros. Si se aman unos a otros, todos se darán cuenta de que son mis discípulos".[8]

Un elemento esencial que diferencia a esta agrupación de otras es el amor, particularmente entre sus integrantes, lo cual dará testimonio de su naturaleza.

3) Especifica los alcances del compromiso personal con el colectivo...

9ª enseñanza de Jesús Líder

*"El que no está a mi favor, está en contra de mí. Y el que no recoge conmigo, desparrama".*⁹

Esta sentencia establece con toda claridad que el compromiso que se espera de los miembros de este colectivo es total, o se está al cien por ciento, o no hay manera de pertenecer a su grupo.

4) Disuade el ingreso al colectivo de candidatos inadecuados…

10ª enseñanza de Jesús Líder

Cuando iban por el camino, alguien le dijo: "Te seguiré a dondequiera que vayas". Jesús le respondió: **"Las zorras tienen guaridas y las aves tienen nidos, pero el Hijo del hombre no tiene ni donde recostar la cabeza".** *En otra ocasión, a otro le dijo:* **"Sígueme".** *Él le contestó: "Señor, primero déjame ir a enterrar a mi padre". Jesús le respondió:* **"Deja que los muertos entierren a sus propios muertos. Tu deber es ir y anunciar el reino de Dios".** *Otro le dijo: "Señor, yo te seguiré, pero primero déjame ir a despedirme de mi familia". Jesús le* *respondió: "**El que pone la mano en el arado y vuelve la vista atrás no es útil para el reino de Dios**".*[10]

Cuando la identidad de una agrupación es robusta, resulta muy sencillo discernir quienes son los candidatos aptos para integrarse al grupo, al tiempo que también se vuelve muy fácil darse cuenta de los candidatos impropios.

Conclusión

La identificación de la misión, la integración de los miembros del colectivo y la definición de la identidad son fundamentales para lograr el **cumplimiento** del propósito grupal.

Reflexiones Personales

¿Qué tan capaz eres para cumplir con las metas que te propones y cómo reaccionas si no las consigues?

¿Cuál ha sido la meta más importante que ha conquistado el líder que te inspira?

¿De qué forma ha integrado a las personas que lo apoyaron en el cumplimiento de esa meta?

¿Qué elementos definirían la identidad del colectivo del líder que te inspira?

Si estuviera en tus manos la definición de la identidad de tu organización, ¿qué elementos incorporarías?

¿Qué cualidades personales debería tener alguien para convertirse en colaborador tuyo?

¿Qué planes tienes para perfeccionar tu habilidad de cumplir con las metas propuestas?

3
Convergencia

La clave para un liderazgo convergente es fomentar y conseguir unidad en la diversidad.

JL

Cuando ha quedado claro que el cumplimiento de las metas es la primera obligación del líder, la siguiente dimensión para evaluar el liderazgo es la conducción de los seguidores, en la que debe procurarse la **convergencia**, de modo que el proceso se convierta en una experiencia edificante para todos los integrantes.

Para lograr lo anterior es fundamental evitar o, en su caso, atender oportunamente cualquier fractura interna...

11ª enseñanza de Jesús Líder

Jesús, que sabía lo que estaban pensando, les dijo: **"Un reino dividido acaba por destruirse. Una ciudad o una familia divididas no pueden durar"**.[11]

Pero más allá de solo prevenir o solucionar cualquier división interna, debe fomentarse la unión entre los integrantes y quien los encabeza...

12ª enseñanza de Jesús Líder

"Sigan unidos a mí, y yo seguiré unido a ustedes. Así como una rama no puede dar fruto por sí misma,

separada de la vid, así tampoco ustedes pueden dar fruto si están separados de mí".[12]

Ahora bien, la mejor manera para que un dirigente consiga que sus seguidores estén unidos con él, es a través de la confianza, elemento que determina el grado de cohesión de cualquier agrupación humana: a mayor confianza, mayor cohesión, y viceversa. Por esta razón debe hacerse en esfuerzo constante para conquistar la confianza de los integrantes de un colectivo, a partir de la certidumbre que deben experimentar al pertenecer a él...

13ª enseñanza de Jesús Líder

"No se angustien. Confíen en Dios, y confíen también en mí".[13]

A fin de cultivar la certidumbre entre los seguidores y lograr su plena confianza, es preciso conocer y dar respuesta a sus inquietudes más significativas...

14ª enseñanza de Jesús Líder

"Por ello les aconsejo que no se preocupen por la comida, la bebida o la ropa. ¡Es mucho más

importante tener vida y un cuerpo, que tener qué comer y qué vestir! Fíjense en los pájaros, que no siembran ni cosechan ni andan guardando comida, y el Padre celestial los alimenta. ¡Para él ustedes valen más que cualquier ave! Además, ¿qué gana uno con preocuparse?; ¿podemos acaso alargar nuestra vida aunque sea una hora? ¿Para qué preocuparse de la ropa? Miren los lirios del campo, que no tejen su propia ropa, y ni aun Salomón con todo su esplendor se vistió jamás con tanta belleza".[14]

Como resulta claro de los párrafos anteriores, la conquista de la confianza de los integrantes de un colectivo requiere de un proceso de comunicación permanente, que debe ser adaptado de acuerdo con la audiencia...

15ª enseñanza de Jesús Líder

Después, a solas con los doce y los que estaban alrededor de él, le preguntaron qué quiso decir con aquella parábola. Él les respondió: **"A ustedes se les ha concedido conocer el secreto del reino de Dios; pero a los que están fuera se les dice todo por medio de parábolas".**[15]

Este proceso de comunicación debe ser atendido con mucha diligencia, de modo que, además de incluir los mensajes que el líder quiera compartir con sus seguidores, siempre se resuelvan todas las inquietudes de la gente, particularmente aquellas referentes a lo que obtendrán a cambio de trabajar para el colectivo, las cuales representan una excelente ocasión para reforzar su motivación...

16ª enseñanza de Jesús Líder

Pedro le dijo: "Pues nosotros hemos dejado todo para seguirte". Jesús le respondió: ***"Y yo les aseguro que todo el que haya dejado su casa, su esposa, sus hermanos, sus padres o sus hijos por causa del reino de Dios, recibirá mucho más en este tiempo, y en la vida venidera recibirá la vida eterna"***.[16]

Una última recomendación para la acertada conducción de un colectivo se refiere a cultivar la solidaridad al interior, ya que la fortaleza de cualquier agrupación está determinada por su integrante más débil, al cual debe identificarse y brindarle el apoyo que necesite...

17ª enseñanza de Jesús Líder

Entonces él les contó esta parábola: "Supongamos que uno de ustedes tiene cien ovejas y una de ellas se le pierde. ¿No deja las otras noventa y nueve en el campo y se va a buscar la oveja perdida hasta encontrarla? Y cuando la encuentra, lleno de alegría la pone sobre sus hombros y vuelve a la casa. Después, reúne a sus amigos y a sus vecinos y les dice: 'Alégrense conmigo porque ya encontré la oveja que había perdido'".[17]

Conclusión

Para lograr la **convergencia** de los esfuerzos de los integrantes de un colectivo es preciso fortalecer la unidad y la confianza, al tiempo de fomentar la comunicación, la motivación y la solidaridad.

Reflexiones Personales

¿Eres competente para lograr la convergencia de los esfuerzos de los integrantes de tu colectivo?

¿De qué manera el líder que te inspira ha evitado la división interna y ha fortalecido la unidad de su colectivo?

¿Cómo es que el líder que te inspira se ha ganado la confianza de sus seguidores (incluyendo la tuya)?

¿Se ha ocupado el líder que te inspira de fomentar la solidaridad? ¿De qué forma lo ha hecho?

¿Qué tienes que hacer para que las personas que te rodean confíen más en ti?

¿Con quienes se te facilita y con quienes se te dificulta la comunicación? ¿Qué harás al respecto?

¿Crees que tus seguidores te consideran un buen motivador? ¿Qué te hace pensar eso?

4
Congruencia

El líder congruente piensa lo que va a decir, dice lo que va a hacer y lo hace.

JL

Después de identificar al cumplimiento de las metas como la primera obligación de un líder, cuya segunda responsabilidad es lograr la convergencia de su colectivo, la siguiente dimensión para reconocer el mérito de un individuo en el ejercicio del liderazgo es su **congruencia**, determinada por su capacidad de respetar y acrecentar su contenido personal.

La congruencia de quien encabeza un grupo es de capital importancia, puesto que la manera más sencilla y rápida de dilapidar un liderazgo consiste en exhibir falta de consistencia entre lo que se piensa, lo que se dice y lo que se hace...

18ª enseñanza de Jesús Líder

Entonces Jesús, dirigiéndose al gentío y a sus discípulos, dijo: "¡Cualquiera que ve a estos escribas y fariseos creando leyes se creerá que son Moisés en persona! Claro, obedézcanlos. ¡Hagan lo que dicen, pero no se les ocurra hacer lo que ellos hacen! Porque ellos mismos no hacen lo que dicen que se debe hacer. Recargan a la gente de mandamientos que ni ellos mismos intentan cumplir".[18]

Con el tema de la congruencia, al igual que se explicó previamente con la influencia, no solo se trata de tenerla, sino de que sea positiva y edificante...

19ª enseñanza de Jesús Líder

"Entren por la puerta estrecha, porque ancha es la puerta y espacioso el camino que conducen a la perdición; por eso muchísimas personas los prefieren. En cambio, estrecha es la puerta y angosto el camino que conducen a la vida, y muy pocas personas los hallan".[19]

Esta elección personalísima de "puerta y camino" determinará el tipo de pensamientos, palabras y acciones que un individuo será capaz de generar...

20ª enseñanza de Jesús Líder

"Ningún árbol bueno da fruto malo, ni ningún árbol malo da fruto bueno. Cada árbol se conoce por el fruto que produce. De los espinos no se pueden recoger higos ni de las zarzas se cosechan uvas. El hombre que es bueno hace el bien, porque en su corazón tiene un tesoro de bondad. Pero el que es malo hace el mal,

porque eso es lo que llena su corazón. De lo que abunda en su corazón es de lo que habla su boca".[20]

En resumidas cuentas, el soporte de una congruencia edificante se llama integridad, una de las características más apreciadas en cualquier líder...

21ª enseñanza de Jesús Líder

"De qué le sirve a alguien ganar el mundo entero si se destruye a sí mismo".[21]

De ahí que la demanda para seguir a un líder será tan exigente como su nivel de integridad...

22ª enseñanza de Jesús Líder

"Ustedes deben ser perfectos, como su Padre que está en los cielos es perfecto".[22]

En la práctica, esta perfección solicitada se refiere a una aspiración de vivir plenamente las virtudes humanas de prudencia, templanza, justicia y fortaleza, y al mismo tiempo mantener los pies en la tierra mediante la humildad...

23ª enseñanza de Jesús Líder

Al ver que los invitados escogían los lugares de honor en la mesa, les contó esta parábola: **"Cuando alguien te invite a una fiesta de bodas, no te sientes en el lugar de honor, porque si llega algún invitado más importante que tú, el que invitó a los dos te dirá: 'Dale tu asiento a este otro invitado'. Entonces, avergonzado, tendrás que sentarte en el último lugar. Lo mejor será que, cuanto te inviten, te sientes en el último lugar. Así, cuando venga el que te invitó, te dirá: 'Amigo, ven acá, aquí hay un mejor lugar'. Así recibirás honor delante de todos los demás invitados. Todo el que se engrandece a sí mismo será humillado; y al que se humilla Dios lo ensalzará"**.[23]

Finalmente, la congruencia personal debe practicarse con base en una clara visión de vida que sea factible compartirse con los seguidores…

24ª enseñanza de Jesús Líder

"El reino de los cielos es también como un tesoro escondido en un terreno. Un hombre viene y lo encuentra. Emocionado y lleno de ilusiones, vende

todo lo que tiene y compra el terreno, con lo cual está adquiriendo también el tesoro".[24]

Conclusión

La **congruencia** personal más adecuada para el correcto ejercicio del liderazgo parte del compromiso con la libre elección respecto al tema de integridad, seguido de la práctica de las virtudes humanas, todo ello fundamentado por la definición de una clara visión de vida.

JL

Reflexiones Personales

¿Te consideras una persona congruente entre lo que piensas, lo que dices y lo que haces? ¿Por qué?

¿Podrías identificar algún episodio de incongruencia del líder que te inspira y sus consecuencias?

¿Qué tan frecuentes han sido las muestras de prudencia, templanza, justicia, fortaleza y humildad del líder que te inspira?

¿Cómo redactarías en unas cuantas palabras la visión de vida del líder que te inspira?

¿Cómo piensas que pudieras afianzar tu integridad personal?

¿Qué plan tienes para que en tu comportamiento se aprecie que vives a plenitud las virtudes humanas?

¿Cómo redactarías tu visión de vida de modo que fuera fácilmente comprensible para tus seguidores?

5
Sostenibilidad

El liderazgo sostenible es indispensable para que un colectivo mantenga un desempeño superior a lo largo del tiempo.

JL

Una vez que se tienen favorablemente resueltas las tres principales responsabilidades en el ejercicio del liderazgo: el cumplimiento de las metas, la convergencia de los integrantes y la congruencia personal, con toda seguridad se presentará un desempeño satisfactorio del colectivo.

Y si bien lo anterior ya es un gran avance, el siguiente reto del liderazgo consiste en garantizar la **sostenibilidad**, es decir, que la actuación favorable del grupo se mantenga en el largo plazo, para lo cual existen varios requisitos:

1) Lograr el compromiso de los integrantes con un propósito de gran relevancia…

25ª enseñanza de Jesús Líder

"No acumulen tesoros en la tierra, donde la polilla y la herrumbre echan a perder las cosas y donde los ladrones las roban. ¡Háganse tesoros en el cielo, donde no hay polilla ni herrumbre que puedan corromper, ni ladrones que les roben!, pues donde está tu tesoro, allí también estará tu corazón".[25]

2) Diseñar sistemas y procedimientos sólidos que garanticen un funcionamiento duradero…

26ª enseñanza de Jesús Líder

"Les voy a decir a quién se parece todo el que viene a mí, oye lo que enseño y me obedece: Se parece a un hombre que construyó su casa sobre la roca, cavó muy hondo y puso allí los cimientos. Cuando vino una inundación, la corriente de agua azotó la casa, pero ni siquiera la movió porque estaba bien construida. Pero el que oye lo que enseño y no me obedece se parece al hombre que construyó su casa sobre tierra y sin cimientos. Cuando la corriente de agua la azotó, la casa se derrumbó y quedó hecha pedazos".[26]

3) Establecer mecanismos de revisión que alerten sobre posibles eventualidades...

27ª enseñanza de Jesús Líder

"Es como cuando un hombre se va de viaje y, al marcharse, deja su casa al cuidado de sus criados. A cada uno le deja una tarea y le ordena al portero que vigile. Así que, ustedes manténgase despiertos, porque no saben cuándo va a regresar el señor de la casa. No saben si volverá al atardecer, a la media noche, al canto del gallo o al amanecer. Por eso deben

mantenerse alertas, no sea que venga de repente y los encuentre durmiendo. Lo que les digo a ustedes, se los digo a todos: ¡Manténganse vigilantes!"[27]

4) Instrumentar prácticas de evaluación de desempeño que promuevan la lealtad institucional...

28ª enseñanza de Jesús Líder

Les dijo: "Un hombre de la nobleza fue a que lo coronaran rey en un país lejano y después de eso regresaría. Antes de partir, llamó a diez de sus empleados y le entregó a cada uno una buena cantidad de dinero. Les dijo: 'Hagan negocio con este dinero hasta que yo vuelva'. Pero la gente de su país lo odiaba y mandaron un grupo de personas tras él para que dijeran: 'No queremos que éste sea nuestro rey'. A pesar de todo, fue coronado rey. Cuando regresó a su país, ordenó llamar a los diez empleados a quienes les había entregado dinero, para ver cuánto habían ganado. El primero se presentó y le dijo: 'Señor, su dinero ha ganado diez veces más de lo que usted me dejó'. El rey le respondió: '¡Muy bien, eres un buen empleado! Como has sido fiel en lo poco que te entregué, te nombro gobernador de diez ciudades'. El segundo se presentó y le dijo: 'Señor, su dinero ha ganado cinco veces más de lo que usted me dejó'. El rey le respondió: 'A ti te nombro gobernador de cinco ciudades'. Llegó el otro empleado y dijo: 'Señor, aquí está su dinero. Lo envolví en un pañuelo y lo guardé. Tenía miedo porque usted es un hombre muy exigente que recoge lo que no depositó y cosecha lo que no sembró'. Entonces el rey le contestó: 'Eres un empleado malo. Con tus mismas palabras te voy a juzgar. Si sabías que soy muy exigente, que recojo lo que no deposité y cosecho lo que no sembré, ¿por qué no depositaste mi dinero en el banco, para que cuando yo regresara ganara los intereses?' Entonces, les dijo a los que estaban allí: 'Quítenle el dinero y dénselo al que ganó diez veces más'. Pero, ellos le dijeron: 'Señor, pero si él ya tiene diez veces más'. El rey les respondió: 'Les aseguro que al que tiene, se le dará más, pero al que no tiene, hasta lo poco que tenga se le quitará'".[28]

5) Definir un proceso de sucesión inequívoco que asegure la continuidad del proyecto...

29ª enseñanza de Jesús Líder

"Tú eres Pedro, y sobre esta roca edificaré mi iglesia, y los poderes del infierno no prevalecerán contra ella. Te daré las llaves del reino de los cielos: la puerta que cierres en la tierra se cerrará en el cielo; y la puerta que abras en la tierra se abrirá en el cielo".[29]

Conclusión

Para lograr la **sostenibilidad** se requiere la combinación de personas comprometidas con una operación estructurada, que pueda prevalecer en el tiempo con independencia de quien la encabece.

JL

Reflexiones Personales

¿Consideras que tu actuación presente puede garantizar resultados futuros sostenibles? ¿Por qué?

¿Qué tan sostenible ha resultado la labor del líder que te inspira? ¿Cómo puede demostrarse?

¿Cuáles han sido las decisiones más importantes del líder que te inspira para haber establecido una operación estructurada?

¿De qué manera ha resuelto el líder que te inspira el proceso de su sucesión?

Si en este momento fueras separado de tu colectivo, ¿consideras que podría seguir funcionando sin ti?

Continuando con la lógica anterior, ¿está completamente claro quién debería ser tu sucesor?

¿Qué medidas inmediatas puedes tomar para favorecer la sostenibilidad del trabajo del que eres responsable?

6
Formación

La diferencia entre un líder efectivo y un líder fecundo radica en su generosidad para formar nuevos líderes.

JL

Si bien la sostenibilidad garantiza el acertado funcionamiento de una agrupación en el mediano plazo, para que cualquier organización se expanda o para que se creen nuevas instituciones, resulta esencial un líder que reconozca que su capacidad de acción personal es limitada y que comprenda que la única manera de multiplicar el efecto de su influencia es a través de la **formación** de nuevos líderes...

30ª enseñanza de Jesús Líder

Jesús recorría las ciudades y los pueblos de la región enseñando en las sinagogas, predicando las buenas nuevas del reino y sanando a la gente de sus enfermedades y dolencias. Al ver a las multitudes, sintió compasión de ellas, porque eran como ovejas desamparadas y dispersas que no tienen pastor. "¡Es tan grande la mies y hay tan pocos obreros!" –les dijo a los discípulos–, "Pidan que el Señor de la mies consiga más obreros para sus campos".[30]

El proceso de formación de nuevos líderes comienza con la selección de aquellos seguidores más prometedores, en este caso fueron doce...

31ª enseñanza de Jesús Líder

En aquellos días se fue Jesús a la montaña y pasó toda la noche orando a Dios. Al amanecer, llamó a sus discípulos y entre ellos escogió a doce, a los que llamó apóstoles... Jesús bajó de la montaña con ellos y se detuvo en un lugar llano. Allí lo esperaban muchos de sus discípulos y mucha gente de toda Judea, de Jerusalén y de la costa de Tiro y Sidón... Él entonces miró a sus discípulos y les dijo: **"Dichosos ustedes los pobres, porque el reino de Dios les pertenece"**.[31]

La pobreza anterior se refiere al espíritu de quien se sabe inacabado, y que por tanto, está dispuesto a superarse por medio de nuevos aprendizajes...

32ª enseñanza de Jesús Líder

Llegaron a Capernaúm. Una vez en la casa, Jesús les preguntó: **"¿Qué venían discutiendo en el camino?"** *Se quedaron callados porque habían estado discutiendo cuál de ellos era el más importante. Jesús se sentó, llamó a los doce y les dijo:* **"El que de ustedes quiera ser el primero conviértase en el último de todos y en el siervo de los demás"**.[32]

Pero además del aprendizaje de conceptos, es necesario que el formador de nuevos líderes provea oportunidades de aprendizaje experimental...

33ª enseñanza de Jesús Líder

*Jesús reunió a sus doce discípulos y les dio poder y autoridad para echar fuera a todos los demonios y para sanar enfermedades. Los envió a anunciar el reino de Dios y a sanar a los enfermos. Les dijo: **"No lleven nada para el camino: ni bastón, ni bolsa, ni comida, ni dinero, ni más ropa que la que traen puesta. En la casa a la que lleguen, quédense hasta que salgan de ese pueblo. Si en algún pueblo no quieren recibirlos, al salir de allí sacúdanse el polvo de los pies como un testimonio contra ellos"**. Entonces se fueron de pueblo en pueblo anunciando las buenas noticias y sanando a los enfermos.[33]*

Un momento sobresaliente de la formación ocurre cuando los seguidores no se conforman con lo que reciben y solicitan más instrucción...

34ª enseñanza de Jesús Líder

Un día que Jesús estaba orando en cierto lugar, al terminar uno de sus discípulos le dijo: "Señor, enséñanos a orar, así como Juan enseñó a sus discípulos". Él les dijo: **"Cuando oren digan: Padre, santificado sea tu nombre. Venga tu reino. Danos hoy nuestro pan de cada día. Y perdónanos nuestros pecados, porque también nosotros perdonamos a todos los que nos hacen mal. Y no nos metas en tentación".** [34]

Además de la enseñanza teórica y práctica, el ejemplo personal es la forma más convincente de instruir a los seguidores...

35ª enseñanza de Jesús Líder

Después de lavarles los pies, se puso el manto y otra vez se sentó. Entonces les preguntó: **"¿Entienden ustedes lo que les he hecho? Ustedes me llaman Maestro y Señor, y dicen la verdad porque lo soy. Pues si yo, el Señor y Maestro, les ha lavado los pies, también ustedes deben lavarse los pies unos a otros. Yo les he dado el ejemplo, para que hagan lo mismo que yo he hecho con ustedes".** [35]

Por último, jamás hay que olvidar que el propósito de la educación es contagiar la inextinguible luz de la curiosidad por comprender lo que hay detrás de las apariencias...

36ª enseñanza de Jesús Líder

Entonces Jesús les dijo a los judíos que creyeron en él: "Si ustedes se mantienen obedientes a mis enseñanzas, serán de verdad mis discípulos. Entonces conocerán la verdad, y la verdad los hará libres".[36]

Conclusión

La **formación** de nuevos líderes, no solo multiplica la influencia del liderazgo inicial, sino que garantiza la correcta expansión del proyecto original, para lo que es necesario seleccionar a los seguidores más adecuados, instruirlos de forma teórica y práctica despertando su interés por aprender más, predicarles con el ejemplo y buscar siempre acercarlos a la verdad.

Reflexiones Personales

¿Es tu formación personal una de tus prioridades? ¿Qué has hecho al respecto el último año?

¿A qué personas ha seleccionado el líder que te inspira para formar como nuevos líderes?

¿Se ha involucrado de lleno el líder que te inspira en el proceso de formación a través de su ejemplo?

¿Cuál ha sido el resultado de ese proceso? ¿Expansión de la organización y/o creación de nuevas instituciones?

¿Sabes quiénes son los integrantes de tu colectivo más prometedores para ser formados como nuevos líderes?

¿Cuentas con un programa de formación estructurado para ellos? ¿En qué consiste?

¿Qué resultados esperas obtener del programa de formación de nuevos líderes? ¿En cuánto tiempo?

JL

José Manuel Vega Báez

7
Trascendencia

Lo primero que necesita un líder para trascender es un sentido de vida trascendente.

JL

En la medida en la que se ha desplegado una influencia deliberada para lograr el cumplimiento de un propósito, favoreciendo la convergencia de los seguidores, manteniendo una congruencia personal, garantizando la sostenibilidad del desempeño y llevando a cabo la formación de nuevos líderes, es que podrá lograrse la **trascendencia** en el ejercicio del liderazgo.

El verbo trascender proviene el latín *transcendere*, palabra que está formada por el prefijo *trans* que significa "de un lado a otro" y por el verbo *scendere* que quiere decir subir. Entonces, en el sentido de la convivencia humana, entenderemos que trascender equivale a "ir más allá de la propia existencia", acción que producirá ciertas consecuencias.

Trascender es traspasar los límites del espacio y del tiempo individual. Cuando un líder traspasa la frontera de su espacio e impacta a otras personas, ha trascendido, pero lo hace de forma permanente cuando traspasa la frontera de su tiempo y deja huella para generaciones futuras...

37ª enseñanza de Jesús Líder

"El cielo y la tierra desaparecerán, pero mis palabras permanecerán, para siempre".[37]

Es preciso señalar que absolutamente todo lo creado por nuestra civilización ha sido producto del liderazgo, personal y de colectivos, de modo que debemos considerarnos herederos de la trascendencia humana...

38ª enseñanza de Jesús Líder

*Él les dijo: **"Yo tengo una comida que ustedes no conocen"**. Los discípulos se preguntaban: "¿Le habrán traído algo de comer?" Jesús les explicó: **"Mi comida es hacer la voluntad del que me envió y terminar el trabajo que me dio. Ustedes dicen: 'Todavía faltan cuatro meses para la cosecha', pero yo les digo: '¡Fíjense bien en los campos sembrados! La cosecha ya está madura'. El que trabaja recogiendo la cosecha ya recibe su salario y recoge la cosecha para la vida eterna. Tanto el que siembra como el que cosecha se alegran juntos. Porque es cierto lo que dice el refrán: 'Uno es el que siembra y otro el que cosecha'. Yo los he enviado a ustedes a cosechar lo que no les costó ningún trabajo. Otros fueron los que se fatigaron trabajando, y ustedes han cosechado el fruto del trabajo de ellos"*.[38]

No obstante, además de ser herederos, debemos convertirnos en creadores de trascendencia humana, comprendiendo que la grandeza del propósito determinará la magnitud de la trascendencia...

39ª enseñanza de Jesús Líder

Jesús le contestó: **"Mi reino no es de este mundo. Si lo fuera, mis servidores pelearían para que no me entregaran a los judíos. Pero mi reino no es de este mundo".** [39]

Solo cuando un líder se apropia y encarna personalmente la grandeza de un propósito, es que estará en posibilidad de trascender...

40ª enseñanza de Jesús Líder

Jesús les respondió: **"Les aseguro que no fue Moisés el que les dio a ustedes el pan del cielo. Mi Padre es el que da el verdadero pan del cielo. El pan que da Dios es el que baja del cielo y da vida al mundo".** *Le dijeron:* "Señor, danos siempre ese pan". *Jesús les dijo:* **"Yo soy el pan que da vida. El que viene a mí no volverá a tener hambre, y el que cree en mí no volverá a tener sed".** [40]

Si bien la trascendencia en vida es significativa, la verdadera prueba para determinar la trascendencia de un líder ocurre después de su partida...

41ª enseñanza de Jesús Líder

Jesús les respondió: "Ha llegado la hora de que el Hijo del hombre sea glorificado. Es verdad que si un grano de trigo cae en tierra y no muere, se queda solo. Pero si muere, produce mucho fruto".[41]

Lo anterior implica que el líder trascendente está consciente que debe estar dispuesto a dar la vida por su causa de trascendencia...

42ª enseñanza de Jesús Líder

"Así como el Padre me ama a mí, así también yo los amo a ustedes. No se aparten de mi amor. Si obedecen mis mandamientos, no se apartarán de mi amor, así como yo obedezco los mandamientos de mi Padre y su amor no se aparta de mí. Les digo esto para que también tengan mi alegría y así su alegría sea completa. Y mi mandamiento es este: que se amen unos a otros como yo los amo. Nadie tiene más amor

que el que da la vida por sus amigos. Ustedes son mis amigos si hacen lo que yo les mando".[42]

Ahora bien, el líder consciente de su finitud es más probable que trascienda, pues esa característica lo hará más cercano de sus seguidores...

43ª enseñanza de Jesús Líder

Jesús se dio cuenta de que querían hacerle preguntas. Por eso les dijo: "¿Se están preguntando qué significa: 'Dentro de poco ya no me verán', y 'un poco después volverán a verme'? La verdad es que ustedes llorarán y se llenarán de tristeza, mientras que el mundo se alegrará. Ustedes se pondrán tristes, pero luego su tristeza se convertirá en alegría. La mujer que va a dar a luz siente dolores porque le ha llegado su hora, pero después que nace la criatura se olvida del dolor por la alegría de haber traído un niño al mundo. Eso mismo les pasa a ustedes, ahora están tristes, pero cuando vuelva a verlos se alegrarán y nadie podrá quitarles esa alegría".[43]

Esa cercanía del líder con quienes ha formado lo llevará a tomar acciones para prever que seguirán con bien pese a su ausencia definitiva...

44ª enseñanza de Jesús Líder

"Voy a estar por muy poco tiempo en el mundo, pero ellos están todavía en el mundo, y yo vuelvo a ti. Padre santo, cuídalos con el poder de tu nombre, el nombre que me diste, para que estén unidos así como tú y yo".[44]

Pero además, el líder también tendrá presentes a quienes serán los seguidores de aquellos que continuarán con su labor...

45ª enseñanza de Jesús Líder

"No ruego solo por estos, sino también por lo que van a creer en mí por medio del mensaje de ellos. Te ruego que todos estén unidos. Padre, así como tú estás en nosotros, para que el mundo crea que tú me has enviado".[45]

Por último, el líder trascendente comunica con toda claridad la encomienda que lo hará "ir más allá de su propia existencia"...

46ª enseñanza de Jesús Líder

Pero él se les acercó y les dijo: **"He recibido toda autoridad en el cielo y en la tierra. Por lo tanto, vayan y hagan discípulos en todas las naciones. Bautícenlos en el nombre del Padre, del Hijo y del Espíritu Santo, y enséñenles a obedecer los mandamientos que les he dado. De una cosa podrán estar seguros: Estaré con ustedes siempre, hasta el fin del mundo"**.[46]

Conclusión

Un buen líder debe hacer todo lo necesario para que su influencia inicial se convierta en **trascendencia** permanente.

Reflexiones Personales

¿Te entusiasma la idea de ser un líder trascendente? ¿Por qué?

¿Consideras que con tu actuación presente puedes garantizar tu trascendencia permanente?

¿Qué tan trascendente ha resultado la labor del líder que te inspira? ¿Cómo puede demostrarse esa trascendencia?

¿Cuánto tiempo le llevó al líder que te inspira convertir su influencia inicial en trascendencia permanente?

Tomando en cuenta el tipo de líder que quieres llegar a ser, ¿quién debería ser el líder que más te inspire?

Tomando en cuenta el tipo de líder que quieres llegar a ser, ¿cómo deberías utilizar tu influencia deliberada?

Tomando en cuenta el tipo de líder que quieres llegar a ser, ¿qué deberías hacer para lograr la trascendencia permanente?

Notas

1 Marcos 4.2-8
2 Lucas 13, 6-9
3 Mateo 4.18-22
4 Mateo 5.14-16
5 Marcos 16.15
6 Juan 15.16
7 Mateo 22.36-39
8 Juan 13.34-35
9 Mateo 12.30
10 Lucas 9.57-62
11 Mateo 12.25
12 Juan 15.4
13 Juan 14, 1
14 Mateo 6.25-29
15 Marcos 4.10-11
16 Lucas 18.28-30
17 Lucas 15.3-6
18 Mateo 23, 1-4
19 Mateo 7, 13-14
20 Lucas 6, 43-45
21 Lucas 9, 25
22 Mateo 5, 48
23 Lucas 14, 7-11
24 Mateo 13, 44
25 Mateo 6, 19-21
26 Lucas 6, 47-49
27 Marcos 13, 34-37
28 Lucas 19, 12-26

29 Mateo 16, 18-19
30 Mateo 9, 35-38
31 Lucas 6, 12-20
32 Marcos 9, 33-35
33 Lucas 9, 1-6
34 Lucas 11, 1-3
35 Juan 13, 12-15
36 Juan 8, 31-32
37 Mateo 24, 35
38 Juan 4, 32-38
39 Juan 18, 36
40 Juan 6, 32-35
41 Juan 12, 23-24
42 Juan 15, 9-14
43 Juan 16, 19-22
44 Juan 17, 11
45 Juan 17, 20-21
46 Mateo 28, 18-20

Sobre el Autor

El doctor José Manuel Vega Báez nació en la Ciudad de México en 1962. Es casado, con tres hijos y gusta del deporte.

Tiene 43 años de trayectoria empresarial y ha desempeñado diversos cargos directivos en la iniciativa privada, el sector público, agrupaciones deportivas e instituciones educativas. Como consejero y consultor ha intervenido en varias organizaciones mexicanas y trasnacionales.

A partir de su experiencia de integrar y dirigir colectivos de alto desempeño ha publicado 21 libros sobre liderazgo, convirtiéndose en el escritor de habla hispana más prominente de este tema, del cual es conferencista y facilitador internacional.

En 1992 recibió el grado de Doctor en Administración, cursando los estudios de Maestría en Ingeniería, Maestría en Sistemas, Maestría en Dirección de Empresas, Licenciatura en Sistemas y los Diplomados en Negocios Deportivos, Asesoría Educativa, Humanismo Integral, Desarrollo Sustentable y Alta Dirección.

Desde hace 35 años es catedrático a nivel licenciatura, maestría y doctorado en el área de Gestión de Sistemas Organizacionales en diversas instituciones latinoamericanas de gran prestigio.

Actualmente es Conferencista de Speakers México, Miembro Platinum de la Red Mundial de Conferencistas y Socio Director de SERIE CIMA, firma especializada en liderazgo: desarrollando mejores líderes para edificar un mejor mundo.

Su obra completa incluye los siguientes títulos:

1. Modelo de Estudio Curricular Post-Maestría en el Área de Sistemas (1991)
2. Introducción al Estudio del Pensamiento Transdisciplinario (1992)
3. Creatividad e Innovación en la Administración (1993)
4. Un Rostro Incompleto (1994)

5. Diseño del Sistema de Información de una Empresa (1995)
6. Secretos de Empresa (1995)
7. Modelación Estructural de Sistemas (1996)
8. Primera Guía de Acciones Emprendedoras (1998)
9. Rumbo a la Cima –novela para el nuevo líder (2002)
10. ¿Ya Encontraste tu Queso? –un cuento para nuevos líderes (2005)
11. Un Líder para México 2006 (2006)
12. Propuesta para la Valoración del Nivel de Liderazgo en Funcionarios Públicos de Alto Perfil (2007)
13. La Biblia de la Motivación –obra en coautoría (2008)
14. Liderazgo en Tiempos de Crisis (2009)
15. Lecciones de Liderazgo de los Directores Técnicos del Mundial (2010)
16. Adriana –un relato de liderazgo juvenil (2011)
17. 250 Cápsulas de Liderazgo (2012)
18. Liderazgo en la Cumbre –obra en coautoría (2012)
19. Liderazgo: diez años de aportaciones (2012)
20. Rumbo a la Cima 10 –sé un líder de alto desempeño (2013)
21. Mi Líder Favorito (2014)
22. Mucho Éxito en tu Negocio Propio: los cimientos del liderazgo emprendedor (2015)
23. 500 Cápsulas de Liderazgo (2016)
24. Ahí Viene un Tiburón –cómo ser un buen líder ante la adversidad (2017)

25. Liderazgo Mundialista 2018 –lecciones de aciertos y errores de los mejores entrenadores (2018)
26. Liderazgo Sobresaliente –cómo lograr resultados superiores y sostenibles (2018)
27. 15 Poderosas Lecciones de Liderazgo (2019)
28. 777 Frases de Liderazgo (2019)
29. **Jesús Líder (2020)**